AF253785

NOTICE

ou

VIE ET LES TRAVAUX

D'AUGUSTE

CHARLES KESTNER

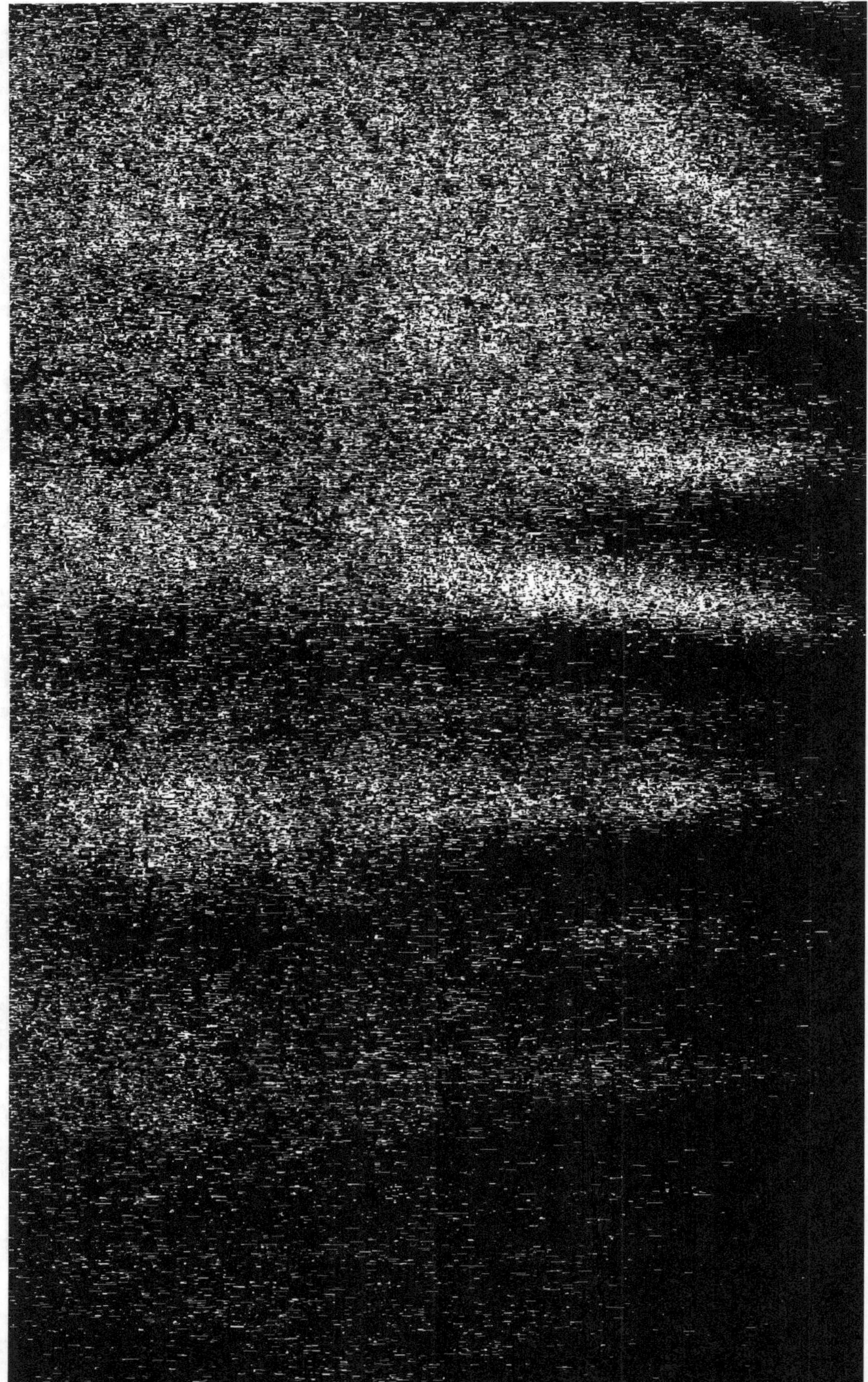

NOTICE

SUR

LA VIE ET LES TRAVAUX

D'AUGUSTE

SCHEURER-KESTNER

PAR

CHARLES LAUTH

EXTRAIT DU BULLETIN DE LA SOCIÉTÉ INDUSTRIELLE DE MULHOUSE

MULHOUSE

IMPRIMERIE VEUVE BADER & Cie

—

1901

NOTICE

SUR

la Vie et les Travaux d'Aug. Scheurer-Kestner

———— ⊛ ————

La disparition de Scheurer-Kestner a laissé dans le cœur de ses amis un vide douloureux ; elle a été aussi pour l'industrie, pour la science, pour la France, pour l'humanité elle-même, une perte cruelle. Notre Société, à laquelle il a rendu tant de services, se doit de conserver à jamais son souvenir et de l'offrir en exemple à ceux qui gardent le culte du devoir, du travail, du vrai patriotisme.

Nous avons cherché à fixer, dans les pages qui suivent, les traits de cet homme éminent qui a honoré notre pays à des titres si divers, et qui restera, dans l'esprit de ceux qui ont eu le bonheur de le connaître de près, comme le type de la loyauté et le représentant de cette qualité, si rare aujourd'hui, le caractère.

Auguste Scheurer est né à Mulhouse, le 11 février 1833, dans une de ces vieilles familles alsaciennes chez lesquelles l'amour du travail et le dévouement aux humbles sont considérés comme des devoirs sacrés ; il fut élevé dans ces nobles pensées et toute son existence en porta l'empreinte.

Son père, manufacturier à Thann, après lui avoir fait commencer ses études au collège de cette ville, l'envoya, en 1848, les finir au Gymnase protestant de Strasbourg ; là, sous la direction de maîtres distingués, MM. Wüst, Münch, Bœgner, Kampmann et Kreiss, il se confirma dans l'amour des sciences, auxquelles il devait se donner tout entier ; mais il ne goûta pas moins l'éducation classique et en sentit toute la valeur. « Sans l'étude du latin et du grec, me disait-il souvent, je n'aurais pas développé mes facultés intellectuelles. »

De retour à Thann, en 1851, il passa une année dans la fabrique de son père et pensa faire sa carrière dans l'industrie des toiles peintes ; mais il reconnut bientôt qu'il lui fallait développer encore ses connaissances chimiques et il vint à Paris. Wurtz l'accueillit dans son laboratoire de la rue Garancière, où il resta dix mois, de novembre 1852 au mois d'août 1853 ; puis il l'emmena au laboratoire de l'Ecole de médecine.

De cette époque date l'amitié qui unit ces deux hommes et qui prit un caractère de grande intimité ; jusqu'à la mort de Wurtz, Scheurer resta en correspondance suivie avec notre cher grand maître ; lors de ses voyages à Paris, il ne manqua jamais d'aller s'entretenir avec lui.

En même temps qu'il travaillait au laboratoire, il poussait avec ardeur ses études théoriques sous la direction de Nicklès ; cet homme excellent lui prodigua ses conseils et ses leçons sans vouloir jamais en recevoir le prix. Scheurer aimait à répéter que c'était dans son enseignement qu'il avait pris la passion de la chimie et qu'il lui en devait une éternelle reconnaissance.

En 1854, il rentra dans la fabrique de son père ; il y resta jusqu'en 1857, sauf quelques mois passés, en 1856, au laboratoire d'Emile Kopp, rue Monsieur-le-Prince.

A la fin de 1856, il épousa Mlle Céline Kestner, fille du grand industriel Charles Kestner, dont les filles aînées avaient épousé Victor Chauffour et Camille Risler, et dont les deux autres filles devaient épouser plus tard le colonel Charras et Charles Floquet; il ajouta dès lors le nom de sa femme au sien, suivant la coutume alsacienne.

Il quitta définitivement, à ce moment, l'industrie des toiles peintes pour diriger les importantes fabriques de produits chimiques de son beau-père, qui prirent, entre ses mains, une grande extension. Après la guerre, la maison de M. Charles Kestner fut transformée en Société par actions. Scheurer-Kestner fusionna ces établissements, en 1884, avec les fabriques d'aniline de MM. Clément Courtois et d'Andiran et Wegelin, sous la raison : *Fabriques de produits chimiques de Thann et de Mulhouse*. Il en conserva la direction technique jusqu'à sa mort.

C'est dans son laboratoire de Thann que Scheurer réalisa presque tous ses travaux et accomplit les recherches importantes dont nous présentons plus loin l'analyse. Cette vie de savant et d'industriel était son existence de prédilection : il trouvait, par elle, le moyen de cultiver la science, qu'il aimait passionnément, et d'appliquer les idées philanthropiques qui tenaient tant de place dans son esprit. Il était entré dans la vie en ayant sous les yeux les plus généreux exemples : dans la notice touchante qu'il a consacrée à son père, Aug. Scheurer-Rott, il nous a fait connaître les nobles pensées qui animaient cet homme de bien et dont je rappelle quelques-unes extraites par lui de sa correspondance :

« Combien sont-elles rares ces intelligences d'élite qui, malgré les
« résistances incessantes, malgré les écueils semés sur leur chemin
« n'ont perdu ni la foi dans le bien et le vrai, ni le courage de
« faire à leurs convictions le sacrifice de leurs intérêts et de leur
« vie. Ce sont ces hommes-là qui, le jour du danger, sont les pre-
« miers sur la brèche et que trop souvent la tempête emporte pour
« prix de leurs services et de leur dévouement.

« .... Je pense que ce n'est que par une conciliation sage et

« intelligente des intérêts matériels que nous pourrons nous mettre
« à l'abri de nouvelles révolutions. Il faut, à mon avis, offrir aux
« industries manufacturières et agricoles des conditions de stabilité
« plus grandes ; il faut qu'elles soient moins soumises aux chances
« de chômage, et, par ce fait seul, si nous le réalisons, nous aurons
« assuré aux travailleurs le droit qu'a tout homme de vivre. Ne
« faudrait-il pas aussi que les fabriques, à l'avenir, fussent tenues
« de s'occuper directement du sort de leurs ouvriers, en exerçant
« sur eux une tutelle de prévoyance directe et positive, comme
« cela est possible de le réaliser. »

Telles étaient les idées humanitaires et philosophiques dans lesquelles Scheurer était élevé ; il les a cultivées en lui-même et s'est appliqué à en faire profiter ses ouvriers, qu'il considérait comme des collaborateurs auxquels il devait toute sa sollicitude ; nous le voyons étudier le fonctionnement des caisses de secours et de prévoyance, appliquer la participation des salariés aux bénéfices, favoriser dans ses usines toutes les mesures propres à unir le patron et l'ouvrier et à développer ces sentiments de « solidarité entre l'employeur et l'employé », peu compris encore au commencement de sa carrière, et qui sont, depuis, si complètement entrés dans les mœurs industrielles de l'Alsace. Il était profondément heureux des résultats qu'il avait obtenus, et il me racontait souvent, avec une fierté légitime, qu'il avait pu atténuer ainsi le caractère violent des grèves qui désolaient d'autres parties de l'Alsace, et les contenir dans d'étroites limites.

Si la fabrique qu'il dirigeait fut la première, en Alsace, où l'ouvrier ait été intéressé directement aux bénéfices, peut-être a-t-elle aussi été la première qui possédât, dès l'année 1855, une caisse de secours. Un système de primes y fonctionnait depuis 1851, accordant à l'ouvrier un supplément dont l'importance, calculée d'après le nombre d'années de services, pouvait monter jusqu'à 10 % de son salaire. Ces innovations, créées par Charles Kestner, que le pays avait nommé représentant du peuple en 1848 et qui n'a pas cessé, durant sa vie, d'apporter toute sa sollicitude à l'amélioration du sort de la classe ouvrière, étaient faites pour en appeler d'autres, et Scheurer-Kestner, encouragé et soutenu par de tels précédents, trouva la voie ouverte à de nouveaux progrès.

A côté de la direction de ses usines et de ses travaux personnels, Scheurer suivait avec ardeur le mouvement du monde scientifique et industriel et il consacrait une partie de son temps à l'étude des questions d'intérêt général, vers lesquels le portait la nature de son esprit généralisateur.

Dès 1854, à l'âge de 21 ans, il entra à la Société industrielle, dont il resta jusqu'à sa mort l'un des membres les plus actifs et les plus zélés ; il fut le secrétaire du comité de chimie de notre compagnie de 1869 à 1872. Dès 1858, il commença à présenter dans les Bulletins de la Société le résultat de ses travaux ; depuis cette époque il n'a cessé d'y apporter, tant sous la forme de Mémoires originaux que sous celle de Rapports, le témoignage de son intérêt : près de cinquante notices publiées dans les colonnes de nos Bulletins sont signées de son nom.

L'un des plus anciens membres de la Société chimique de Paris, le premier de ses correspondants, il en fut, comme il l'était à la Société industrielle, l'un des plus actifs : rédacteur, pendant de longues années, du *Répertoire de chimie pure et appliquée*, puis du Bulletin de la Société, il y publia une série de monographies fort appréciées sur les sujets les plus divers, ainsi que l'exposé d'un grand nombre de ses travaux personnels dont il offrit la primeur à la Société.

Convaincu de la nécessité de créer entre la science et l'industrie des rapports constants et intimes, il chercha, avec quelques-uns d'entre nous, à organiser une section de chimie industrielle ; elle ne donna, malheureusement, pas de résultats appréciables, tant la communauté de ces intérêts, si puissamment comprise ailleurs, est encore peu reconnue en France.

La Société chimique le nomma parmi les membres de son Conseil et l'y maintint presque constamment. En 1894, elle l'appela à la présider ; la situation était difficile : les recettes de la Société étant inférieures à sa dépense, son avenir même était sérieusement compromis. Scheurer se donna comme programme de la tirer de ce péril ; il usa de sa haute situation industrielle et de toutes les séductions de son esprit pour réunir les ressources financières qui faisaient défaut ; grâce à son activité et à son dévouement, il put recueillir une somme de 130,000 francs qui assura l'existence de la Société pour de longues années. Le Conseil a entendu payer sa dette de reconnaissance en décidant que le souvenir de Scheurer-Kestner serait perpétué, dans la salle de ses séances, par un buste ou un médaillon, et en ouvrant une souscription pour honorer son bienfaiteur.

Ses travaux lui avaient donné, dans le monde scientifique et industriel, une situation considérable justifiée par ses connaissances spéciales et par son caractère. Aussi, les distinctions les plus flatteuses lui furent-elles offertes : en 1878, il obtint l'un des grands prix de l'Exposition universelle ; la Société industrielle lui décerna sa grande médaille d'or ; en 1888, la Société industrielle de Lille lui donna une médaille d'or pour *services rendus à la science et à l'industrie* ; la même année il fut appelé à la présidence du comité d'installation de la classe 45, de l'Exposition universelle de 1889, et l'année suivante, à la présidence du jury des récompenses de la classe 45, ainsi qu'à la vice-présidence du jury du groupe V.

Sa place était indiquée à l'Académie des sciences, mais sa modestie et l'indépendance de son caractère l'empêchèrent toujours de s'y présenter.

« .... Mon caractère, m'écrivait-il de Thann le 27 janvier « 1890, ne se prête pas à ce qui est demandé à un candidat. La « *brimade des visites* imposée aux nouveaux par les anciens me « révolte et me répugne. Je comprends les visites après l'élection ; « avant, c'est quelque peu humiliant pour un homme fier qui se « sent quelque valeur. »

D'autres récompenses ne lui eussent certes pas fait défaut : il ne fut pas décoré et ne voulait pas l'être. Il avait, sur ce sujet, des principes qu'il m'a souvent exprimés avec cette rude franchise qui nous était si chère et qu'on retrouve dans les lignes suivantes, bien caractéristiques :

« .... J'ai, je le reconnais, une certaine ambition, de bon aloi,
« mais je ne confonds pas les signes extérieurs, ridicules et pué-
« rils, avec les témoignages qui se traduisent d'une manière plus
« modeste et plus solide. Supprimez le ruban, qui tue l'institution,
« qui rabaisse les caractères et avilit trop souvent les consciences ;
« supprimez-le, et je serai partisan de la Légion d'honneur et je la
« briguerai. Seulement alors, les vaniteux n'en voudront plus :
« tant pis pour eux, tant mieux pour l'institution et pour l'huma-
« nité !
« Paris, 15 août 1889. »

Industriel et savant, Scheurer-Kestner pendant toute sa vie ne s'est pas cependant désintéressé un seul jour de la politique ; ses aptitudes, son énergie, son extraordinaire puissance de travail lui ont permis de mener tout de front et de laisser partout sa trace.

Elevé dans un milieu républicain, il y avait puisé ces idées de progrés et de liberté, cette foi, cette probité qui sont restées sa marque.

Dès qu'il vint à Paris, il se lia avec le jeune parti militant et il lutta courageusement contre l'Empire ; s'occupant activement de propagande républicaine, il introduisit en France des brochures interdites, et fut, en 1862, poursuivi « pour manœuvres à l'intérieur et excitation à la haine et au mépris du gouvernement ». Malgré la plaidoirie de J. Grévy, il fut condamné à trois mois de prison et trois mille francs *d'amende*. Son séjour à Sainte-Pélagie ne fut pas perdu pour la science : il profita de cet éloignement forcé de ses usines pour écrire une brochure lumineuse sur la *Théorie des types*. En 1866 il manifesta ses idées philosophiques par la publication dans la *Libre-Pensée* d'une lettre sur *Un argument des spiritualistes*. La même année, *L'Association* publia de lui un article sur les Sociétés coopératives de consommation ; en février 1867, il écrivit au *Temps* deux notes sur le secret des lettres.

La guerre éclata : dès les premiers jours il prit part à l'organisation de la défense en Alsace, mais une fois le pays occupé par l'ennemi il se mit à la disposition du Gouvernement de la défense nationale à Tours et à Bordeaux et il lui offrit l'utilisation de ses connaissances scientifiques. C'est là qu'il vit pour la première fois Gambetta et c'est de ce moment que se forma entre ces deux hommes si bien faits pour se comprendre l'amitié que la mort seule put rompre.

On le chargea de diriger la fabrication périlleuse des engins pyrotechniques. Je relève dans le Rapport adressé à la Commission des marchés le 1er juin 1871, par M. Maurice Lévy, délégué spécial du Ministre de l'intérieur et de la guerre, pour diriger le service de l'artillerie de la garde nationale mobilisée et dans le Rapport de M. Durangel, du 19 février 1872, les lignes suivantes qui font connaître le rôle joué par Scheurer-Kestner dans ces circonstances :

« La seule fabrication dont l'industrie privée ne voulut pas se
« charger, c'était la pyrotechnie, c'est-à-dire la confection des
« gargousses, le chargement en poudre ou balles des projectiles, le
« chargement en fulminate des fusées. La confection de la gargousse
« de 7 exige tout un outillage très complexe et coûteux.

« Il n'existait qu'un établissement de ce genre en France : celui
« que dirigeait le colonel de Reffye, à Nantes... J'en ai créé un
« second à Cette où se trouvait un local convenable pour cela. J'ai
« fait appeler, pour le diriger, deux de mes amis, M. Scheurer-
« Kestner, chimiste éminent, votre ancien collègue à l'Assemblée,
« et son beau-frère, M. Lauth-Scheurer, ancien ingénieur des
« ponts et chaussées, industriel dans le Haut-Rhin... La fabrica-
« tion a pu marcher vers la fin du mois de janvier. » (M. M. Lévy.)

« L'usine fut installée de manière à produire 5000 gargousses
« par jour... M. Scheurer-Kestner, manufacturier à Thann (Haut-
« Rhin) et actuellement membre de l'Assemblée nationale, par un
« sentiment de patriotisme auquel l'administration a rendu
« témoignage, consentit à diriger l'établissement. » (M. Durangel.)

Le 6 février 1871, Scheurer-Kestner fut envoyé à l'Assemblée nationale par 58,000 électeurs du Haut-Rhin.

Il signa la fameuse déclaration des députés Alsaciens-Lorrains dont nous reproduisons le préambule et les principales déclarations :

« Nous, soussignés, citoyens Français, choisis et députés par les
« départements du Bas-Rhin, du Haut-Rhin, de la Moselle, de la
« Meurthe et des Vosges, pour apporter à l'Assemblée nationale de
« France l'expression de la volonté unanime des populations de
« l'Alsace et de la Lorraine, après nous être réunis et en avoir
« délibéré, avons résolu d'exposer dans une déclaration solennelle
« leurs droits sacrés et inaltérables, afin que l'Assemblée nationale,
« la France et l'Europe, ayant sous les yeux les vœux et les réso-
« lutions de nos commettants, ne puissent consommer ni laisser
« consommer aucun acte de nature à porter atteinte aux droits
« dont un mandat formel nous a confié la garde et la défense.

DÉCLARATION

1. — « L'Alsace et la Lorraine ne veulent pas être aliénées . . .

2. — « La France ne peut consentir ni signer la cession de la
    « Lorraine et de l'Alsace . . .

3. — « L'Europe ne peut permettre ni ratifier l'abandon de
    « l'Alsace et de la Lorraine. » . . .

Il démissionna avec ses collègues d'Alsace-Lorraine au moment de la conclusion de la paix contre laquelle ils avaient voté, convaincus que la lutte était encore possible.

Le 2 juillet suivant, Paris le nomma représentant du peuple par 111,000 suffrages ; ce ne fut assurément pas par ambition qu'il accepta ce poste ; il m'écrivait, en effet, de Thann, le 16 juin 1871

« Cher ami,

« Je reçois, la demande d'accepter, comme Alsacien et républi-
« cain, une candidature à Paris ; je ne puis refuser. Il n'y a rien
« de personnel pour moi : je représente une idée et je ne m'appar-
« tiens pas.

« *C'est un nouveau calice à vider*, car je me sens bien las . . . »

Il fut un des fondateurs du groupe de l'Union républicaine.

samment plus tard à l'élection des 75 sénateurs inamovibles. Une place lui avait été réservée parmi eux comme représentant de l'Alsace (16 décembre 1875).

De 1876 à 1879 il remplit les fonctions de secrétaire du Sénat ; de 1895 à 1897 il fut vice-président de la haute Assemblée.

Bien qu'il ait refusé, à diverses reprises, d'entrer dans des combinaisons ministérielles, les relations intimes qui le liaient aux chefs du Gouvernement lui permirent fréquemment de les éclairer de ses conseils et de sa grande expérience des affaires.

Mais son jugement sûr, son intelligence féconde, son autorité faisaient rechercher avec empressement son concours dans les grandes commissions parlementaires, et il y lutta avec ardeur contre l'esprit ultraprotectionniste ; en 1879 et en 1885, il fut membre de la Commission des finances ; en 1880, membre et rapporteur de la Commission du tarif des douanes ; en 1885, membre de la Commission pour la revision du Sénat et de celle du Congrès de Versailles ; en 1895, membre de la Commission de la réforme de l'impôt sur les boissons. Il était de plus, nommé en 1880 membre du Conseil supérieur du commerce et de l'industrie, de la Commission extra-parlementaire de l'aménagement des eaux ; en 1881, du Conseil supérieur des prisons ; en 1883, du Conseil de l'Observatoire de Meudon ; en 1885, du Conseil de perfectionnement du Conservatoire des arts et métiers ; en 1896, de la Commission extra-parlementaire des analyses du sucre et de la dénaturation de l'alcool.

En 1879, Gambetta, porté à la présidence de la Chambre, pria son ami Scheurer, qui collaborait avec l'illustre chef du parti républicain depuis plusieurs années, de le remplacer comme directeur politique du journal *La République française*, poste qu'il occupa jusqu'en 1884.

Enfin, en 1888, le Comité fondé par les Alsaciens-Lorrains pour élever un monument à Gambetta, le choisit pour son directeur et ce fut lui qui, en 1891, présida la cérémonie d'inauguration de ce monument à Ville-d'Avray.

Les deux dernières années de la vie de Scheurer-Kestner ont été consacrées à une œuvre de justice : il avait acquis l'entière conviction qu'une grande erreur ou une grande iniquité avait été commise, qu'un officier alsacien, condamné comme traître, n'était pas coupable du crime qu'il expiait. Scheurer-Kestner en fut remué jusqu'au fond du cœur ; son amour de la vérité, l'horreur du supplice infligé à un innocent, la honte qui rejaillissait sur sa chère Alsace, le déterminèrent à sacrifier sa tranquillité, ses intérêts personnels, sa situation politique, à la réparation de cette injustice.

Armé seulement de sa confiance dans le droit et dans la vérité, il engagea la lutte. Chacun connaît les péripéties de ce drame dont l'histoire seule semble devoir dire le dernier mot.

Scheurer, d'un cœur stoïque, supporta les assauts auxquels il fut en butte, jusqu'au moment où sa santé, si vigoureuse cependant, l'obligea à se retirer de la lutte active ; elle ne put résister à tant d'épreuves. Scheurer succomba à Bagnères-de-Luchon le 19 septembre 1899, avec la douleur de n'avoir pu faire triompher cette cause à laquelle il s'était dévoué.

Ses obsèques ont été célébrées à Paris le 25 septembre ; elles ont été, selon son vœu et ses convictions de libre-penseur, purement civiles. Son corps fut ensuite transporté à Thann ; il repose dans cette terre d'Alsace qu'il a profondément aimée et où il laisse tant de souvenirs et tant de regrets !

Telle fut la vie d'Auguste Scheurer-Kestner, vie active, intelligente, utile entre toutes ; de telles existences sont rares, parce qu'il est rare de rencontrer réunies chez un homme les qualités qu'il possédait et qui l'ont fait respecter de la plupart même de ses adversaires.

Il fut un grand savant ; il fut surtout un grand citoyen : son caractère droit et loyal, sa passion de justice, sa rigidité dans l'accomplissement du devoir, ses convictions inébranlables lui avaient créé une situation morale exceptionnelle parmi les hommes d'Etat de la France.

Ces vertus de l'homme public étaient accompagnées chez l'homme privé des qualités les plus exquises : il possédait un grand cœur et était d'une fidélité à toute épreuve dans ses amitiés ; la vivacité de son esprit, sa gaîté communicative, son aimable rudesse même, donnaient aux réunions d'amis qu'il savait grouper autour de lui, à Thann comme à Paris, un charme dont nous garderons tous le souvenir ému et profondément attristé.

—

L'œuvre scientifique que Scheurer-Kestner laisse derrière lui est considérable ; elle se compose de tout un ensemble de recherches originales et d'importants travaux de laboratoire, et, dans un autre ordre d'idées, d'une série de publications, de monographies, dans lesquelles il excellait, sur les sujets les plus variés, de la chimie appliquée. Il a écrit cent cinquante notes, mémoires ou rapports, qui ont été publiés dans les *Bulletins de la Société industrielle*, dans les *Bulletins de la Société chimique de Paris*, dans les *Comptes rendus de l'Académie des sciences* et dans les *Annales de chimie et de physique*. Leur lecture confirme le jugement qu'à l'avance on devait porter sur l'homme, dont nous venons de retracer la vie et dont nous avons montré la valeur morale ; ses écrits portent bien l'empreinte de son caractère et mettent en relief ses qualités dominantes, la lucidité, la finesse d'observation, une absolue sincérité ; le plus bel éloge qu'on puisse faire de sa probité scientifique, et il n'est pas banal, c'est que tous les résultats qu'il a publiés ont été confirmés et sont définitivement acquis à la science.

Nous avons cherché à grouper et à condenser, en quelques pages, ses travaux les plus importants ; ce compte rendu sommaire est complété par la liste de toutes ses publications.

Pouvoir calorifique des combustibles solides, liquides et gazeux.

Scheurer-Kestner a consacré de longues années de sa vie à l'étude du pouvoir calorifique des combustibles ; ses premières expériences datent de 1868, elles ont été continuées jusqu'en 1896.

Il les a exposées, au fur et à mesure, dans les *Bulletins de la Société industrielle et de la Société chimique,* et en a présenté l'ensemble dans un volume, publié en 1896, chez Masson ; c'est un ouvrage précieux par tous les documents qu'il renferme, tableaux, calculs, descriptions d'appareils, etc. ; il est indispensable à tous ceux qui s'occupent de cette question. Ces recherches ont été entreprises par Scheurer seul ; il les a continuées et terminées avec la collaboration de son ami, M. Ch. Meunier-Dollfus.

Leur objectif a été la détermination de *l'énergie totale* que peut développer un combustible sous forme de chaleur et l'étude des méthodes les plus pratiques pour cette détermination, puis l'établissement des règles à suivre dans les *expériences industrielles* qui ont pour but de fixer le pouvoir calorifique d'un combustible ; il ne suffit pas de savoir quel est l'effet utile d'une houille lorsqu'elle sert à la production de la vapeur ; il faut encore connaître le rapport qu'il y a entre la chaleur totale qu'elle est susceptible de dégager en brûlant et celle qui est réellement utilisée ; cette comparaison seule permet à l'ingénieur de se rendre compte de l'étendue et de la nature des pertes éprouvées pendant l'opération industrielle, et, par conséquent, des remèdes à y apporter.

Deux méthodes sont usitées pour déterminer la puissance calorifique d'un combustible : l'une est basée sur la composition chimique de ce combustible (Dulong), l'autre repose sur sa combustion dans dans un calorimètre.

Après avoir démontré que l'application de la loi de Dulong conduit à des résultats erronés, Scheurer-Kestner a adopté nettement la seconde méthode ; il a étudié tous les calorimètres connus, depuis celui de Favre et Silbermann avec lequel ses expériences ont été faites, pendant longtemps, jusqu'à la bombe de M. Berthelot qu'il a employée dans les dernières années ; c'est de tous les calorimètres, dit-il, celui qui offre le plus d'avantages, tant au point de vue de la facilité des opérations qu'au point de vue de la précision des résultats.

Il a fait ainsi un nombre considérable de déterminations calorimétriques : les houilles de France, d'Angleterre, de Russie, d'Allemagne, d'Autriche, etc., ont été successivement étudiées. Toutes ses expériences prouvent qu'il est impossible de se rendre compte de la valeur des houilles par la connaissance de leur composition élémentaire : il y a des houilles dont la chaleur de combustion dépasse celle des éléments, d'autres se rapprochent de la loi de Dulong, d'autres, enfin, ont une chaleur de combustion inférieure à ce que donne la loi de Dulong. Il n'est pas possible de déterminer autrement que par une expérience calorimétrique le pouvoir calorifique d'un combustible minéral.

Ses expériences ont porté non seulement sur les houilles, mais encore sur tous les combustibles : lignites, schistes et pétroles, coke, charbons, gaz de toutes provenances.

Dans la partie du travail de MM. Scheurer-Kestner et Meunier-Dollfus, qui a trait à l'étude du pouvoir calorifique de la houille brûlée sur un foyer de chaudière à vapeur, les auteurs indiquent toutes les précautions à prendre pour arriver à des déterminations rigoureuses : pesées, prises d'essai, analyse de la houille et des cendres, mesure de la quantité d'eau vaporisée, de la température de la vapeur, analyse des produits gazeux de la combustion, détermination du noir de fumée, etc. Le résultat de leurs observations est le suivant ; la vapeur d'une chaudière à trois bouilleurs suivie d'un réchauffeur à bouilleurs absorbe 58 à 67 % des calories totales fournies par la houille ; 3,8 à 7,7 % sont entraînés par les produits gazeux de la combustion ; 2,4 à 9,7 % sont perdus par la production des gaz combustibles ; 0,3 à 0,75 % sont perdus par suite de la formation du noir de fumée ; 2 à 3,7 % sont absorbés par la formation de la vapeur d'eau dans les produits gazeux de la combustion. Les calories non retrouvées ont varié de 19,4 à 24,7 % ; elles doivent être considérées comme résultant du rayonnement des appareils par leurs surfaces inutilisées pour la production de la vapeur.

Industrie de l'acide sulfurique.

L'industrie de l'acide sulfurique et l'étude des diverses phases de sa fabrication ont été l'objet presque constant des recherches de Scheurer, qui a découvert divers faits importants et éclairci plusieurs points restés obscurs avant ses expériences.

Il a étudié et fait connaître les conditions dans lesquelles le grillage des pyrites se fait avec le plus d'avantages ; il a montré notamment les inconvénients d'une élévation trop considérable de la température (élévation qui peut provenir soit d'un manque d'air, soit d'une combustion trop active par suite d'une consommation de pyrite trop considérable pour la dimension ou le nombre des fours employés) ; lorsque les conditions d'une combustion bien équilibrée ne sont pas remplies, et que les fours à pyrite deviennent trop chauds, le soufre du minerai distille, il se forme du sulfure de fer, *FeS*, qui, très fusible, englobe la pyrite et la soustrait à une oxydation ultérieure.

Les gaz de la combustion des pyrites sont plus corrosifs que ceux qui proviennent de la combustion du soufre ; c'est un fait bien connu des fabricants qui avaient d'ailleurs observé la présence dans les gaz des pyrites d'abondantes vapeurs blanches qu'ils considéraient comme étant de *l'acide sulfurique*. Scheurer-Kestner a cherché à éclaircir ce point et il a fait, dans ce but, de très nombreuses analyses de ces gaz: leur résultat constant a accusé un déficit d'oxygène. Ces deux faits sont connexes, ils doivent être attribués à la présence, dans ces vapeurs blanches, *d'anhydride sulfurique ;* il provient, non d'une décomposition de l'acide sulfureux ou de l'oxydation de cet acide par l'air comme on aurait pu le penser, mais bien de l'action du peroxyde de fer des pyrites sur l'acide sulfureux en présence de l'air, cet oxyde ferrique servant de moyen de transport entre l'air et la substance oxydable. C'est à la formation de cet anhydride, dont la proportion peut atteindre 8 à 9 % de l'acide sulfureux, qu'est dû le déficit de l'oxygène constaté dans les analyses des gaz. L'anhydride est transformé en acide sulfurique qui se condense dans la tour de Glover; de là, en partie du moins, l'augmentation de rendement due à l'emploi de cet appareil; on sait qu'il atteint 15 à 20 % de la production des chambres de plomb.

Scheurer a fait connaître divers modes de production de l'acide sulfurique fumant ou de l'anhydride sulfurique; il les a obtenus par la décomposition de certains sulfates, spécialement du bisulfate de sodium ou plutôt du pyrosulfate, mais cette décomposition n'a lieu qu'à une température assez élevée, qui rend l'altération des appareils très rapide; le platine lui-même ne résiste pas à cette attaque. — En calcinant, au rouge blanc, deux parties de sulfate de chaux et une partie de peroxyde de fer, tout le soufre est expulsé à l'état d'anhydride, sans doute par la décomposition du sulfate ferrique formé dans la réaction, mais, par suite de la température élevée à laquelle il faut opérer, la presque totalité de l'anhydride est décomposée en acide sulfureux et en oxygène; en ajoutant un fondant au mélange, par exemple du fluorure de calcium, on peut abaisser la température de la réaction et éviter cette décomposition, mais les meilleurs creusets ne résistent pas à l'action de la masse en fusion; par contre, l'opération réussit très bien dans un creuset de platine chauffé sur un bec Bunsen. Le sulfate de magnésie agit comme celui de chaux, les sulfates de baryte et de strontiane plus difficilement, celui de plomb se décompose à plus basse température.

Depuis l'application des condenseurs Gay-Lussac, du Glover et des fours à pyrites, on avait, maintes fois, constaté que les gaz rencontraient dans leur marche une force de résistance très nuisible à la bonne marche de la fabrication. Scheurer-Kestner a proposé et fait adopter, pour l'aspiration de ces gaz, l'emploi des appareils Kœrting qu'on peut placer en tête de la première chambre de plomb ou après les appareils dénitrants.

On sait que la concentration de l'acide sulfurique pour l'amener à 66° se fait, soit dans le verre, soit dans des alambics en platine; ce métal est attaqué par l'acide et Scheurer-Kestner a constaté que la perte en platine est loin d'être négligeable; il a montré qu'elle est, selon la concentration de l'acide, de 1 à 9 grammes par tonne d'acide produit, et qu'elle peut aller jusqu'à 1000 grammes par tonne d'acide sulfurique fumant. Pour obvier à ces graves inconvénients, il a proposé de commencer seulement la concentration dans le platine et de la terminer dans des cuvettes en fonte, qui ne sont pas attaquées par l'acide concentré. L'usure du platine est ainsi très réduite.

L'analyse des pyrites de Saint-Bel, fait en commun avec M. Rosenstiehl, a montré qu'elles renferment du sélénium. L'acide sulfurique fabriqué avec ces pyrites renferme cet élément qu'on rencontre aussi dans les boues des chambres de plomb lorsque l'acide, qui occupe le fond des chambres, contient de l'acide sulfureux ; l'acide à 52° est très souvent coloré en rouge par le sélénium, mais ce corps disparaît par la concentration à 66°.

Industrie de la soude.

La théorie de la formation de la soude par le procédé Le Blanc a donné lieu à de nombreuses controverses ; elle a été établie définitivement par Scheurer-Kestner.

Dumas avait admis que, dans les fours à soude, le sulfate de sodium est décomposé par la craie, avec formation de carbonate de sodium et de sulfate de calcium ; ce dernier, réduit par le charbon, passerait à l'état de sulfure qui, se combinant à l'excès de chaux, donne naissance à un oxysulfure de calcium. M. Unger, partisan de la même théorie, admettait, en outre, l'action concomitante des gaz du foyer et de l'humidité des matières premières.

Scheurer-Kestner a prouvé que cette interprétation ne repose pas sur des faits exacts : en effet, le sulfate de sodium et la craie ne réagissent pas l'un sur l'autre. L'existence d'un oxysulfure de calcium n'a jamais été démontrée, et elle ne paraît pas admissible en présence de la soude caustique qui se forme lors du traitement de la soude brute. Quant à l'opinion de M. Unger, elle doit être écartée, la soude brute se produisant, fort bien, même à l'abri des produits de la combustion.

Il a donc fallu chercher une autre explication ; à la suite d'une longue étude et de nombreuses analyses, il a montré que la réaction est différente et il a fait connaître tout le mécanisme des réactions complexes de cette fabrication. Voici le résultat de ses patientes recherches : le sulfate de sodium est transformé en sulfure par le charbon ; c'est ce sulfure qui, au contact de la craie, donne du carbonate de sodium. L'analyse est d'accord avec cette interprétation : la soude brute, en effet, renferme, comme éléments principaux, du carbonate de sodium, de l'oxyde, du sulfure, du carbonate de calcium, du charbon.

Mais il fallait expliquer, en outre, la présence dans les lessives et dans les marcs de soude des divers composés qu'on y connaît. Scheurer a montré qu'ils sont le résultat de l'action de l'eau sur la soude brute : ainsi la soude caustique, qui existe dans les lessives de soude et qui ne se trouve pas dans la soude brute, provient de l'action de la chaux, en excès, sur le carbonate de sodium ; les sulfures de sodium sont dus à la réaction incomplète du sulfure de sodium sur la craie ou à l'action du sulfure de calcium sur le carbonate de sodium.

La théorie de Scheurer-Kestner rend compte de tous les faits observés ; elle est sortie victorieuse de toutes les discussions auxquelles elle a donné lieu et est entrée définitivement dans la science.

A côté de ces travaux théoriques, il s'est appliqué à rechercher l'explication d'un certain nombre de points restés obscurs dans la fabrication de la soude. Ainsi les praticiens avaient depuis longtemps reconnu la nécessité d'employer dans le mélange initial un excès de calcaire ; cette pratique est justifiée, d'après Scheurer, d'abord parce que pendant la cuite une partie de ce calcaire est transformée en chaux laquelle n'est pas capable de réagir sur le sulfure de sodium, ensuite, parce que l'on évite ainsi la formation de sulfures colorés qui jaunissent la soude, enfin, parce que l'on obtient grâce à cet excès (et si la température de la soude brute en fusion est suffisante pour amener la réduction de la craie par le charbon) un dégagement d'oxyde de carbone qui donne à la masse la porosité nécessaire à sa dissolution ultérieure.

Le carbonate obtenu par le procédé Le Blanc ne renferme pas tout le sodium contenu dans le sulfate mis en œuvre ; on admettait que la perte est due à la volatilisation d'une partie du métal qui se serait produit pendant la réaction. Scheurer a prouvé que cette explication est inexacte et il a établi que la perte (d'environ 5 %) est due, d'une part, à la formation d'une combinaison insoluble de carbonate de soude et de chaux (on a, depuis, constaté en effet la formation de la Gay-Lussite dans la réaction) d'autre part, à l'action de l'hydrate de calcium sur la soude interposée que les lavages les plus prolongés ne peuvent enlever.

Le dosage des sulfures dans la soude brute est de la plus grande importance pour qu'on puisse suivre la marche de la réaction ; il importait de trouver un procédé rapide, tout en restant suffisamment exact pour les besoins de l'industrie. Scheurer a proposé la méthode suivante qui est très pratique, l'essai n'exigeant que quelques minutes : l'échantillon prélevé dans le four est dissous, et la solution, acidulée par l'acide sulfurique étendu, est titrée par le permanganate faible.

Citons encore la méthode qu'il a proposée pour la désulfuration des lessives de soude : elle consiste à ajouter peu à peu dans la lessive à traiter et jusqu'à désulfuration complète, de l'hydrate de zinc qu'il prépare par l'action de la chaux sur le chlorure de zinc ; le sulfure de zinc obtenu est ensuite lavé, décomposé par l'acide chlorhydrique, et le chlorure rentre dans la fabrication.

Cette désulfuration de ces lessives a été l'objet des constantes préoccupations des fabricants de soude Le Blanc. Parmi les nombreux procédés que Scheurer-Kestner a étudiés et qu'il a fait connaître en détail dans ses notes successives, il y a lieu de mentionner la méthode d'oxydation, provoquée par l'électrolyse et brevetée par MM. Merle & Cⁱᵉ en 1875 ; des diverses expériences qu'il a faites à ce sujet, il résultait que la transformation du sulfure de sodium en sulfate a lieu directement sans passer par l'hyposulfite.

M. Durkee a publié, en 1896, un travail dans lequel il dit que les composés sulfurés, avant d'arriver à leur degré complet d'oxydation, ont *traversé* l'hyposulfite.

Scheurer a confirmé, en 1897, ses expériences antérieures et répété que la réaction est la suivante : $Na^2S + O^4 = Na^2SO^4$. La note qu'il a publiée à ce sujet est la *dernière* qu'il ait écrite.

Sur le silicate de sodium.

On prépare ce silicate par la fusion d'un mélange de quartz et de carbonate de sodium et l'on prend de ces substances des quantités relatives telles qu'on obtienne un produit aussi peu alcalin que possible, qualité exigée des indienneurs. Le silicate sortant des fours a pour composition $3\,SiO^2Na^2O$, mais il est décomposé partiellement, dans les opérations de la dissolution et de l'évaporation, avec dépôt de silice. Il convient de ne pas concentrer les liqueurs au delà de 20° *AB* ; si on va plus loin, soit par exemple jusqu'à 50° *AB*, le produit obtenu a pour composition $2\,SiO^2Na^2O$.

Scheurer-Kestner a cherché à éviter la fusion, toujours dispendieuse, en remplaçant la silice par diverses roches facilement attaquables, comme la gaize, et en les traitant, soit à l'air libre, soit sous pression, par des dissolutions de soude ; malheureusement les produits obtenus sont toujours restés trop alcalins pour les besoins de l'industrie.

Les réactions qui se passent dans les fours à verre ou dans les fours à silicate n'avaient pas été étudiées d'une manière approfondie ; on admettait que le sulfate alcalin mis en œuvre se transforme en silicate en même temps que le soufre s'en dégage à l'état d'acide sulfureux et que le charbon qu'on mélange au sulfate pour faciliter sa décomposition, passe à l'état d'oxyde de carbone ou d'acide carbonique. L'attention de Scheurer-Kestner ayant été éveillée par ce fait qu'il est indispensable d'employer industriellement une quantité de charbon supérieure à celle que nécessiterait la théorie de cette explication, il a institué une série d'expériences et d'analyses qui ont démontré que la réaction est beaucoup plus compliquée en réalité : la silice décompose partiellement le sulfate de sodium, mais l'anhydride sulfurique est immédiatement détruit et transformé en acide sulfureux et oxygène. Le carbone, en réagissant sur ces premiers produits de la décomposition, forme avec eux un mélange de composés divers (oxysulfure, sulfure de carbone, oxyde de carbone, acide carbonique) qui se résolvent finalement en soufre libre, acide carbonique et oxyde de carbone ; ce n'est qu'après avoir subi l'action oxydante du foyer que ce soufre est transformé en acide sulfureux.

Sur le chlorure de chaux.

Scheurer a publié un certain nombre d'expériences relatives à la fabrication de ce produit. Il a montré : 1° que la chaleur due à la combinaison du chlore et de la chaux est favorable à l'absorption du gaz et qu'elle peut même atteindre 55°, sans inconvénients ; 2° qu'il faut éviter l'envoi dans les chambres à chloruration d'un excès de chlore qui abaisserait le degré chlorométrique du produit après que le maximum a été atteint ; 3° que si l'hydrate de calcium renferme un excès d'eau, cette eau est déplacée par la chloruration.

Sur les sels de fer.

On sait que les sels de fer sont employés en très grandes quantités, comme mordants, dans les industries de la teinture et de l'impression. L'examen des divers composés du fer a été pour Scheurer-Kestner l'occasion de nombreuses et importantes découvertes.

L'attaque du fer par l'acide azotique donne naissance à des produits très différents, selon la densité de l'acide employé : avec un acide de 1,034 il ne se produit que des azotates de protoxyde de fer et d'ammoniaque ; avec un acide de densité intermédiaire entre 1,034 et 1,115 il se forme des azotates de protoxyde et de peroxyde et de l'azotate d'ammoniaque ; quand la densité devient supérieure à 1,115, on n'obtient que de l'azotate de peroxyde de fer ; il se forme presque toujours, en même temps, des azotates basiques dont la quantité croît avec la concentration de l'acide employé.

Par le refroidissement de la dissolution, et si elle est exempte de sels basiques, on obtient immédiatement un nitrate cristallisé renfermant 18 molécules d'eau ; si la dissolution est basique, il faut l'évaporer à froid au-dessus de l'acide sulfurique et l'on obtient ainsi les mêmes cristaux ; mais si l'évaporation a lieu au bain-marie, la masse cristalline qui se dépose par le refroidissement est formée de nitrate à 2 molécules d'eau ; les eaux-mères de ce sel abandonnent, au bout de quelque temps, des prismes incolores renfermant 12 molécules d'eau.

Les azotates basiques se décomposent tous par l'ébullition, en donnant naissance à de l'oxyde et de l'azotate de fer neutre. Mais l'action ne se fait que peu à peu ; si l'on enferme ces sels avec de l'eau dans des tubes scellés maintenus dans l'eau bouillante, on constate, après quelques heures, un changement de couleur : la liqueur, d'abord rouge-brun, devient rouge brique, et, si l'on y ajoute une goutte d'acide chlorhydrique ou sulfurique, ou du sulfate de sodium, il se forme un précipité d'hydrate de fer qui possède la propriété curieuse d'être soluble dans l'eau pure ; cette solution, trouble par réflexion et limpide par transparence, ne donne pas, avec les ferro- et les sulfocyanures, les réactions caractéristiques des sels de fer.

La dialyse de l'azotate ferrique donne également une dissolution aqueuse d'hydrate ferrique.

A côté de ces résultats, Scheurer-Kestner a fait connaître une série d'expériences d'un haut intérêt dans lesquelles il a démontré l'existence d'une classe nouvelle de sels de fer : ils ont été obtenus soit en faisant agir les acides monoatomiques ou les hydracides sur l'hydrate ferrique et faisant intervenir le temps et la chaleur, soit en oxydant par l'acide nitrique un sel ferreux additionné d'acides différents de celui qu'il renferme ; il a préparé ainsi des acétonitrates, des acétochlorures, des formioacétates, etc., etc., tous corps bien cristallisés et dont il a fait connaître les propriétés et la composition. Ces recherches ont confirmé les vues théoriques de Wurtz, qui considérait le ferricum comme hexatomique.

Ces sels ferriques polyacides sont très avantageux comme mordants : les analyses qu'a faites Scheurer-Kestner d'un grand nombre de mordants du commerce ont montré qu'ils sont formés de sels polyacides, analogues à ceux qu'il avait découverts.

Sur les chlorures d'étain et le stannate de sodium.

Lorsqu'on traite le chlorure stanneux par l'acide nitrique, on obtient des produits variables selon la concentration des liqueurs : avec des liqueurs concentrées il se forme du chlorure et de l'acide stanniques, tandis qu'avec des liqueurs étendues il y a fixation d'une ou de plusieurs molécules d'acide azotique.

Le protochlorure, oxydé par l'acide chromique, se transforme en chlorure stannique à 3 molécules d'eau.

L'oxyde stanneux se dissout dans la solution du chlorure stannique ; si l'on opère avec des quantités équimoléculaires des deux corps, il se forme de l'acide stannique qui reste dissous dans le chlorure, et du chlorure stanneux qui cristallise avec 4 molécules d'eau, au lieu de 2, et qui forme un sel déliquescent fondant déjà à 50° ; si l'on emploie un excès de protoxyde, il se forme de l'acide stannique qui se précipite, tout le chlorure stannique étant transformé en protochlorure.

Lorsqu'on fait passer un courant d'oxygène dans une dissolution *concentrée* de protochlorure d'étain, il n'y a pas de fixation d'oxygène ; dans les dissolutions *étendues*, au contraire, l'absorption est assez rapide. Les variations qu'on observe dans les titres trouvés lorsqu'on oxyde le chlorure stanneux par le permanganate, n'ont pas lieu dans des dissolutions concentrées ; elles tiennent uniquement à la présence de l'air dissous dans l'eau.

Pour doser exactement l'étain au moyen du permanganate, il faut donc opérer avec de l'eau bien purgée d'air par l'ébullition, ou produire l'oxydation du protoxyde dans un milieu alcalin.

En exposant à basse température une dissolution peu concentrée de stannate de sodium *pur*, Scheurer-Kestner a obtenu des cristaux prismatiques de plusieurs centimètres de longueur, renfermant $SnNa^2O^3, 10H^2O$; on connaissait déjà deux stannates, l'un avec 3, l'autre avec $8H^2O$.

Sur le vert Guignet.

La composition de cette couleur importante était indécise : certains chimistes la considéraient comme un hydrate de chrome, d'autres comme un borate de chrome ou comme un composé complexe de chrome et de potasse.

Par une expérience directe, Scheurer-Kestner a prouvé que cette dernière hypothèse est inadmissible : en calcinant, en effet, au mélange de 1 p. d'oxyde chromique anhydre avec 5 à 6 p. d'acide borique cristallisé, il a obtenu une masse verte partiellement fondue qui s'échauffe au contact de l'eau en donnant une couleur identique au vert Guignet, l'acide borique restant en dissolution.

Il a montré, par ses analyses, que le vert convenablement purifié ne renferme plus d'acide borique, et qu'en réalité il est constitué exclusivement par de l'hydrate de chrome. Quant à la réaction qui donne naissance à cet hydrate, il a établi qu'il se forme tout d'abord un borate de chrome, par l'action de l'acide borique sur le bichromate ; ce borate de chrome est décomposé par l'eau qui met l'acide borique en liberté et détermine la formation de l'hydrate de chrome.

Industrie de l'aniline et de ses dérivés.

La fabrication des matières colorantes artificielles, qui a exercé sur les industries de la teinture et de l'impression une influence si considérable, ne paraît pas avoir attiré, à ses débuts, l'intérêt de Scheurer-Kestner comme elle le méritait, et on ne peut que le regretter, car, par la nature de son esprit, son intelligence des affaires et sa grande valeur scientifique, il aurait assurément occupé, dans ce domaine nouveau, une place importante que d'autres ont prise.

Il a bien monté à Thann la préparation du violet d'aniline par le chlorure de chaux, plus tard par le bichromate, avec l'auteur de cette notice, ainsi que la fabrication du rose de naphtylamine, mais ce furent des essais isolés ; si sa maison s'est ultérieurement intéressée à ces nouvelles industries, c'est en se limitant à la fabrication de l'aniline.

Il a cependant publié sur ce sujet quelques observations intéressantes : ainsi il a montré, en 1862, que la réduction de la nitrobenzine par le fer et l'acide acétique doit être dirigée avec beaucoup de ménagements, sous peine de dépasser le point voulu, et d'arriver à la régénération de la benzine avec production d'ammoniaque ; il a proposé, à la même époque, de réduire la nitrobenzine par l'étain et l'acide chlorhydrique, d'éliminer l'étain par le zinc et de transformer les produits de la réduction en matières colorantes, sans chercher à isoler et à distiller l'aniline, ce qui entraîne toujours des pertes notables ; il ne semble pas avoir réussi dans ces tentatives qui, ailleurs, ont cependant donné de bons résultats.

L'étude de la préparation du violet lui a montré que l'aniline, génératrice des matières colorantes, n'est pas une amine pure, de la phénylamine, mais bien un mélange de plusieurs composés ; il était donc sur la voie de la découverte capitale qu'Hofmann a réalisée peu après. Les produits de réduction du violet, l'analyse de cette matière colorante qu'il a obtenue cristallisée ont aussi été l'objet de ses investigations.

Les recherches, dont nous venons d'esquisser l'histoire et de donner les résultats généraux, sont pour la plupart des travaux de longue haleine, qui ont été poursuivis pendant des années ; à côté d'elles, Scheurer a publié un grand nombre d'observations moins importantes à la vérité, mais qui présentent néanmoins un intérêt réel.

Nous en rappelons quelques-unes.

Il a montré que les *corps gras* neutres, chauffés au contact des carbonates alcalins ou du carbonate de calcium, à 260°, se décomposent en donnant des savons, la glycérine est entièrement détruite.

L'acide arsénieux a de l'affinité pour les matières colorantes ; une dissolution chlorhydrique bouillante de cet acide, additionnée de teinture de bois colorant ou d'acide sulfindigotique, laisse déposer des cristaux d'acide arsénieux colorés en rouge ou en bleu; la liqueur-mère est presque décolorée. Du chlorure ou du sulfate de sodium, ajouté à ces solutions et cristallisant en même temps que l'acide arsénieux, se dépose à l'état incolore. — L'acide arsénieux s'obtient sous forme de prismes rhomboïdaux droits lorsqu'il cristallise par voie sèche et *dans un courant d'acide sulfureux;* on n'a pu les obtenir dans un tube de verre hors du contact de cet acide. De tels cristaux ont été recueillis dans le canal qui conduit l'acide sulfureux des fours à pyrites à la chambre de plomb.

A l'occasion de diverses *analyses d'ossements fossiles* qu'il avait entreprises, Scheurer-Kestner a constaté que l'osséine ordinaire est soluble dans l'acide chlorhydrique faible (*H Cl* étendu de huit fois son poids d'eau), mais qu'elle est insoluble dans l'acide étendu de quarante fois son poids d'eau. Le même travail l'a conduit à présenter les observations suivantes : un grand nombre d'ossements fossiles ou enfouis depuis des siècles renferme, outre l'osséine, une substance azotée qui en dérive ; l'osséine étant insoluble dans l'eau et cette matière azotée étant soluble, on peut supposer que pendant la décomposition lente des os, la première subit d'abord une transformation qui a pour effet de la rendre soluble. Les eaux du sol enlèvent alors cette nouvelle substance et c'est ainsi que les ossements déposés dans les terrains meubles se dépouillent peu à peu de la matière organique qu'ils renferment..... La constitution chimique d'ossements provenant du même dépôt et enfouis à la même profondeur peut donc conduire à la connaissance de leur âge relatif.... Si la teneur des os en azote permet d'en tirer des indications sur leurs âges respectifs, cette donnée devient encore plus précise au moment où l'azote peut être partagé entre deux composés dont l'un est plus soluble que l'autre.

On se sert dans la fabrication du **rouge turc** d'une préparation dite *huile pour rouge ;* elle a fait l'objet d'une étude approfondie de la part de Scheurer. Cette huile pour rouge est obtenue par l'action de l'acide sulfurique sur l'huile de ricin ; il a constaté que le produit de cette réaction très complexe, renferme des acides sulfonés et des acides ricinoléiques *polymérisés* ; ces divers composés se comportent différemment dans l'avivage des rouges turcs, les acides sulfonés donnant la nuance la plus jaune, tandis que les acides polymérisés fournissent la nuance la plus bleue. Il a fait connaître le moyen de séparer ces produits les uns des autres, et a donné leurs propriétés et leur composition. Il résulte de ses recherches que l'huile pour rouge est un mélange d'acides gras polymérisés, d'acides sulfonés, enfin d'acides *désulfonés* et à l'état d'hydrates.

M. Juillard, de Genève, est arrivé aux mêmes résultats et en même temps.

En 1894, on a proposé, pour clarifier le vin et l'empêcher de *tourner,* un produit auquel a été donné le nom d'*abrastol*, et qui est, en réalité, le naphtylsulfate de calcium. Les qualités antiseptiques de cette substance sont très énergiques, mais l'emploi en a été combattu parce qu'on lui attribuait des propriétés nocives. Scheurer-Kestner a eu l'occasion de l'étudier, et il a prouvé qu'elle ne saurait, comme on l'a affirmé, donner naissance à de l'acide sulfurique au contact du vin ; on peut donc impunément l'utiliser pour la conservation des vins ; six à dix grammes par hectolitre sont suffisants.

A la suite d'un accident arrivé, en 1896, à Thann, pendant la fusion alcaline d'un composé sulfoné, Scheurer-Kestner a été amené à étudier l'action de la soude à haute température sur le fer et sur la fonte ; il a constaté les faits suivants : à la pression atmosphérique le fer est plus attaqué que la fonte et l'attaque s'élève avec la température ; cette attaque est beaucoup plus énergique lorsqu'on opère en vase clos ; à 250°, après un chauffage de cinq heures, le fer a perdu 1 % de son poids.

Scheurer-Kestner a publié un nombre considérable d'analyses de minerais, de matières premières, de résidus industriels, etc., dans le détail desquels nous ne pouvons entrer et dont on trouvera la liste plus loin dans le relevé de ses travaux. Il a fait connaître aussi des méthodes de dosages industriels qu'il convient d'indiquer :

Un dosage de l'albumine par le permanganate ;

Un dosage de l'acide pyroligneux : il faut le distiller sur de l'acide phosphorique à 15° 43 et titrer l'acide distillé ; la méthode par la soude caustique est défectueuse à cause de l'acétate de méthyle et des phénols que renferme toujours l'acide pyroligneux ;

Diverses méthodes de dosage de l'acide tartrique dans les tartres et les lies de vin ;

Un dosage du stannate de sodium : il faut, après dissolution, filtrer, traiter par l'acide chlorhydrique, puis par le zinc, redissoudre l'étain et titrer le chlorure stanneux par le manganate ; la soude est titrée alcalinimétriquement.

Son habileté d'analyste et sa haute autorité lui firent fréquemment confier la délicate mission d'arbitre dans des questions litigieuses : ainsi, pour n'en citer qu'un exemple, il fut chargé, en 1865, avec les professeurs Escher de la Linth et Fehling, d'une expertise dont les éléments avaient été préparés par M. le Dr Goppelsrœder. Il s'agissait d'un empoisonnement du sol de la ville de Bâle par les infiltrations issues des fabriques de produits chimiques, accident dont les conséquences menaçaient de prendre des proportions de haute gravité.

Les autorités locales lui offrirent, comme gage de leur reconnaissance, un plateau d'argent portant comme légende la mention du service rendu à la cité bâloise.

Relevé des travaux et publications d'Auguste Scheurer-Kestner.

1857   Sur un dissolvant du coton. (Bulletin de la Société industrielle de Mulhouse, XXVIII, p. 375.)

1858   Dosage de l'albumine au moyen du permanganate de potasse. (Bull. Soc. ind. Mulh., XXIX, p. 237. — Répertoire de chimie appliquée, t. I, p. 216.)

1859   Recherches sur les azotates de fer. (Annales de chimie et de phisique [3] LV. — Répert. ch. pure, t. I, p. 168, 367 et 487.)

Sur l'oxydation de quelques sels de protoxyde de fer et sur la production d'acétonitrates de fer. (Répert. ch. pure, t. II, p. 81.)

1860   Produits de l'oxydation du chlorure stanneux. (Ann. de ch. et de phys. [3] LVIII. — Répert. ch. pure, t. II, p. 113.)

Saponification des corps gras par les carbonates anhydres. (Ann. de ch. et de phys. [3] LX. — Répert. ch. appl., t. II. p. 351.)

1861   Dosage de l'étain par liqueurs titrées. (Répert. ch. pure, t. III, p. 217. — Répert. ch. appl. t. III, p. 195 et 250.)

Préparation de matières colorantes au moyen de la naphtylamine. (Comptes rendus Acad. des sciences, t. LII, p. 1182. — Bull. Soc. ind. Mulh., t. XXXI, p. 322. — Répert. ch. appl., t. III, p. 262.)

Recherches sur la composition des tartres. (Répert. ch. appl., t. II, p. 399.)

Sur la composition des tartres. (Répert. ch. appl. t. III, p. 39.)

Analyse d'un silicate contenu dans la soude brute. (Répert. ch. appl., t. III, p. 446.)

1862   Mémoire sur une nouvelle classe de sels de fer et sur la nature hexatomique du ferricum. (Ann. de ch. et de phys. [3] LXIII. — Répert. ch. pure, t. IV. p. 95.)

Note sur la préparation de l'aniline et du violet d'aniline. (Répert. ch. appl., t. IV, p. 121.)

Analyse d'un stannate de soude. (Répert. ch. appl., t. IV. p. 221.)

Sur la théorie de la préparation de la soude Le Blanc. (Répert. ch. appl., t. IV, p. 231.)

Erosion du plomb par un hyménoptère. (Comptes rendus Acad des sc., t. LIII, p. 518.)

Nouvelles recherches sur l'azotate ferrique. (Comptes rendus Acad. des sc., t. LIV, p. 614. — Répert. ch. pure, t. IV, p. 161.)

Colorations particulières de l'acide arsénieux. (Répert. ch. appl., t. IV, p. 406.)

Transformation de la nitrobenzine en benzine et ammoniaque (Bull. Soc. ch., t. III, p. 43.)

1863   Dosage rapide des sulfures dans la soude brute. (Répert. ch. appl., t. V, p. 19.)

Analyse du sel gemme de Dieuze. (Répert. ch. appl., t. V, p. 108.)

Expériences et recherches sur le violet d'aniline. (Répert. ch. appl. t. V, p. 419.)

Sur quelques nouvelles combinaisons du fer et sur l'atomicité de cet élément. (Ann. de ch. et de phys. [3] LXVIII. — Bull. Soc. ch. 1863, p. 342.)

Préparation et emploi de silicate de soude. (Répert. ch. appl. t. V, p. 150.)

Sur les différentes espèces d'anilines du commerce. (Répert. ch. appl., t. V, p. 260.)

Analyse d'un mordant de fer. (Répert. ch. appl., t. V, p. 470.)

Sur la fabrication des produits réfractaires. (Répert. ch. appl., t. V., p. 264.)

1864   Recherches théoriques sur la préparation de la soude. (Ann. de ch. et de phys. [4] I. — Bull. Soc. ch., t. I, p. 169.)

Note additionnelle au mémoire précédent.(Comptes rendus Acad. des sc., t. LVIII, p. 501 et t. LIX, p. 659. — Bull. Soc. ch., t. II, p. 475.)

Analyse d'un mordant de fer. (Bull. Soc. ch. t. II, p. 480.)

Recherches sur la constitution chimique du vert Guignet. (Bull. Soc. ind. de Mulh., t. XXXIV, p. 546, et Bull. Soc. ch., t. III, p. 23 et 413.)

1865   Note sur la théorie de M. Dumas, concernant la préparation de la soude par le procédé Le Blanc.(Comptes rendus Acad. des sc., LXI, p. 640.)

Recherches chimiques sur les ossements fossiles du Lehm d'Eguisheim. (Bull. Soc. d'histoire naturelle de Colmar, 1866.)

1867   Nouvelles recherches sur la théorie de la préparation de la soude par le procédé Le Blanc. (Ann. de ch. et de phys. [4] t. XI. — Bull. Soc. ch., t. VII, p. 207.)

Analyse d'ossements fossiles d'Argenteuil. (Bull. de la Société d'archéologie).

Expériences sur la fabrication du chlorure de chaux. (Comptes rendus Acad. des sc., LXV, 25 nov. — Bull. Soc. ch., t. IX, p. 159).

Sur un stannate de sodium cristallisé. (Bull. Soc. ch., t. VIII, p. 389.)

1868   Sur la régénération du soufre des résidus de soude. (Bull. Soc. ind. de Mulh., t. XXXVIII, p. 116. — Bull. Soc. chim., t. IX, p. 419).

Composition des résidus du grillage des pyrites. (Bull. Soc. ch., t. IX, p. 43.) Avec M. Rosenstiehl.

Recherches sur la combustion de la houille. (Bull. Soc. ind. de Mulh., t. XXXVIII, p. 195 et 311. — Comptes rendus Acad. des sc., LXVI, p. 1047. — Bull. Soc. ch., t. X, p. 101.)

Analyse des produits gazeux de la combustion de la houille de Saarbruck. (Comptes rendus Acad. des sc., 15 juin, t. LXVI, p. 1220. — Bull. Soc. ch., t. X, p. 106. — Bull. Soc. ind. de Mulh., t. XXXVIII, p. 532.) Avec M. Ch. Meunier.

Recherches sur la combustion de la houille, 2ᵉ partie. Etudes calorimétriques. (Comptes rendus Acad. des sc., t. LXVII, p. 659. — Bull. Soc. ind. de Mulh., t. XXXVIII, p. 767. — Bull. Soc. ch., t. X, p. 439.) Avec M. Ch. Meunier.

Sur l'acide arsénieux prismatique. (Bull. Soc. ch., t. X, p. 444.)

Note sur la préparation de l'ammoniaque en dissolution dans l'eau. (Journal de pharmacie et de chimie.)

1869   Recherches sur la combustion de la houille (3ᵉ partie). (Comptes rendus Acad. des sc., t. LXVII, p. 1002. — Bull. Soc. ind. de Mulh., t. XXXIX, p. 241. — Bull. Soc. ch., t. XII, p. 421.) Avec M. Ch. Meunier-Dollfus.

Chaleur de combustion des houilles (Creusot, Anzin et Denain). (Comptes rendus Acad. des sc., t. LXIX, p. 412.)

Sur la composition des ossements fossiles. (Comptes rendus Acad. des sc., t. LXIX, p. 1207. — Bull. Soc. ch., t. XIII, p. 199.)

Sur l'emploi de la trompe pour différents usages industriels. (Bull. Soc. ind. de Mulh., t. XL, p. 209.)

1870   De l'action de l'acide chlorhydrique sur l'osséine. Nouvelles recherches sur le dosage de l'osséine dans les ossements fossiles. (Comptes rendus Acad. des sc., t. LXX, p. 1179. — Bull. Soc. ch., t. XIV, p. 11.)

Recherches sur les pertes de sodium résultant de l'emploi industriel du procédé Le Blanc. (Comptes rendus Acad. des sc., t. LXX, p. 1352. — Bull. Soc. ch., t. XIV, p. 119.)

Réponse à M. Schintz sur les analyses des composés gazeux de la houille. (Polytechnisches Journal.) Avec M. Ch. Meunier-Dollfus.

1871   Note sur l'emploi et la durée des réchauffeurs en tôle. (Bull. Soc. ind. de Mulh., t. LI, p. 194.) Avec M. Ch. Meunier-Dollfus.

Différents essais et détermination de la chaleur de combustion de houilles anglaises et autres. (Bull. Soc. ind. de Mulh., t. XLI, p. 189.) Avec M. Ch. Meunier-Dollfus.

Chaleur de combustion de deux houilles anglaises du pays de Galles. (Comptes rendus Acad. des sc., t. LXXIII, p. 1061. — Bull. Soc. ch., t. XVI, pp. 1 et 21.)

Sur un nouvel appareil pour la mesure du tirage dans les cheminées. (Bull. Soc. ind. de Mulh., t. XLI, p. 429.)

De l'emploi de la gaize pour la préparation des silicates alcalins. (Comptes rendus Acad. des sc., t. LXXII, p. 767. — Bull. Soc. ch., t. XV, p. 18.)

Combustion et chaleur de combustion des lignites. (Comptes rendus Acad. des sc , t. LXXIII, p. 1332. — Bull. Soc. ch., t. XVII, p. 18.) Avec M. Ch. Meunier-Dollfus.

Présence du sélénium dans l'acide sulfurique. (Bull. Soc. ch., t. XVIII, p. 174. — Comptes rendus Acad. des sc., t. LXXIV, p. 1286.)

1872   Des causes de déperdition du sodium dans la préparation de la soude par le procédé Le Blanc. (Comptes rendus Acad. des sc., t. LXXV, p. 1184. — Ann. de ch. et de phys. — Bull. Soc. ch., t. XVIII, p. 483.)

Mesure de la dépression produite par le tirage des foyers. (Bull. Soc. ind. de Mulh., t. XLII, p. 62.)

1873   Etudes sur divers combustibles des bassins de Donetz et de Toula (Russie). (Comptes rendus Acad. des sc., t. LXXVII, p. 1385. — Ann. de ch. et de phys. — Bull. Soc. ch., t. XXI, p. 402.) Avec M. Ch. Meunier-Dollfus.

1874   Note sur un foyer à gaz appliqué par M. E. Muller au chauffage des chaudières à vapeur. (Bull. Soc. ind. de Mulh., t. XLIV, p. 369.)

Emploi des marcs de soude contre le phylloxera. (Comptes rendus Acad. des sc., t. LXXVIII, p. 1830.)

1875   Sur la présence de l'acide sulfurique anhydre dans les produits gazeux de la combustion de la pyrite de fer. (Comptes rendus Acad. des sc., t. LXXX, p. 1230. — Bull. Soc. ch., t. XXIII, p. 437.)

Dissolution du platine par l'acide sulfurique dans l'opération de la concentration industrielle. (Comptes rendus Acad. des sc., t. LXXXI, p. 892. — Bull. Soc. ch., t. XXIV, p. 501.)

Tableau-résumé des essais calorimétriques et des analyses des houilles et lignites. (Bull. Soc. ind. de Mulh., t. XLV avant la page 289.) Avec M. Ch. Meunier-Dollfus.

1876 Compositions des gaz provenant de la combustion des pyrites. (Bull. Soc. ch., t. XXV, p. 168.)

1877 Sur un nouveau procédé de préparation du vert Guignet. (Bull. Soc. ind. de Mulh., t. XLVII, p. 686. — Bull. Soc. ch. t. XXIX, p. 287.)

1878 Sur le dosage du tartrate de chaux naturel dans les tartres bruts. (Comptes rendus Acad. des sc., t. LXXXVI, p. 1024. — Bull. Soc. ind. de Mulh., t. XLVIII, p, 678. — Bull. Soc. ch., t. XXIX, p. 451.)

Expériences sur l'emploi des appareils Kœrting pour l'insufflation des gaz. (Bull. Soc. ind. de Mulh., t. XLVIII, p. 674.)

Sur la dissolution du platine dans l'acide sulfurique, 2e note. (Comptes rendus Acad. des sc., t. LXXXVI, p. 1082. — Bull. Soc. ch., t. XXX, p. 28.)

1879 Sur l'emploi des réchauffeurs en tôle, 2e note. (Bull. Soc. ind. de Mulh., t. XLVIII., p. 667). Avec M. Ch. Meunier-Dollfus.

1880 Désulfuration des lessives de soude par l'hydrate de zinc. (Bull. Soc. ind. de Mulh., t. L, p. 29. — Bull. Soc. ch., t. XXXIV, p. 624).

Sur la digestion de la viande. (Comptes rendus Acad. des sc., t. XC, p. 369.)

Sur la dissolution du platine dans l'acide sulfurique (3e note). (Comptes rendus Acad. des sc., t. XCI, p. 59.)

1881 Sur la désulfuration des lessives de soude. (Comptes rendus Acad. des sc., t. XCII, p. 878. — Bull. Soc. ch., t. XXXVI, p. 46).

1883 Notes sur l'industrie de la soude. (Bull. Soc. ch., t. XXXIX, p. 409 ; t. XL, p. 75.

Sur la chaleur de combustion de la houille. (Comptes rendus Acad. des sc., t. XCVII, p. 268. — Bull. Soc. ind. de Mulh., t. LIII, p. 607. — Bull. soc. ch., t. XL, p. 257.)

Sur le chauffage par la houille et la transformation de son azote en ammoniaque. (Comptes rendus Acad. des sc., t. XCVII, p. 179. — Bull. Soc. ch., t. XLI, p. 356.)

Apparition de l'acide nitreux dans l'évaporation de l'eau. (Bull. Soc. ch., t. XXXIX, p. 289.)

1884   Note sur l'industrie de la soude. (Bull. Soc. ch., t. XLI, p. 335.)

De l'influence du procédé à l'ammoniaque sur la valeur de l'acide chlorhydrique et du chlore. (Bull. Soc. ch., t. XLI, p. 383.)

Sur la composition des gaz de la combustion des pyrites de fer. (Comptes rendus Acad. des sc., t. XCIX, p. 917. — Bull. Soc. ch., t. XLIII, p. 9.)

Action de l'oxyde ferrique sur les sulfates à haute température. (Comptes rendus Acad. des sc., t. XCIX, p. 876. — Bull. Soc. ch., t. XLIII, p. 8.)

1885   Sur l'analyse des produits gazeux de la combustion de la houille. (Bull. Soc. ind. de Mulh., t. LV, p. 328.

Composition des produits gazeux de la combustion des pyrites de fer (suite) et influence de la tour de Glover sur la fabrication de l'acide sulfurique. (Comptes rendus Acad. des sc., t. C, p. 636. — Bull. Soc. ch., t. XLIII, p. 309.)

Chaleur de combustion de la houille de Ronchamp. (Comptes rendus Acad. des sc., t. C, p. 908. — Bull. Soc. ind. de Mulh., t. LV, p. 333. — Bull. soc. ch., t. XLIII, p. 375.)

Composition et chaleur de combustion d'une houille du bassin de la Ruhr. (Comptes rendus Acad. des sc., t. C, p. 1298. — Bull. Soc. ind. de Mulh., t. LV, 375. — Bull. Soc. ch., t. XLIII, p. 591.) Avec M. Ch. Meunier-Dollfus.

Emploi de l'appareil Kœrting pour les chambres de plomb. (Bull. Soc. ind. de Mulh., t. LV, p. 348. — Bull. Soc. ch., t. XLIV, p. 98.)

1886   Sur la substitution des pyrites au soufre. (Bull. Soc. ch., t. XLV, p. 227.)

Sur le sel de soude à l'ammoniaque. (Bull. Soc. ch., t. XLV, p. 302.)

Sur la chaleur de combustion de la houille. (Ann. de ch. et de ph., 6ᵐᵉ série, t. VIII, p. 267.)

Note sur la chaleur de combustion de la houille déterminée récemment par deux expérimentateurs. (Bull. Soc. ind. de Mulh., t. LVI, p. 171.)

1887   Etude sur une houille anglaise. (Comptes rendus Acad. des sc., t. CV, p. 1251. — Bull. Soc. ch., t. XLIX, p. 419. — Bull. Soc. ind. de Mulh., t. LVII, p. 313.) Avec M. Ch. Meunier-Dollfus.

1888   Expériences sur la valeur pratique du calorimètre de Thomson. (Comptes rendus Acad. des sc., t. CVI, p. 941. — Bull. Soc. ind. de Mulh., t. LVIII, p. 506. — Bull. Soc. ch., t. XLIX, p. 685.)

Chaleur de combustion de la houille du Nord de la France. (Comptes rendus Acad. des sc., t. CVI, p. 1092. — Ann. de ch. et de ph., pp. 1160 et 1230. — Bull. Soc. chim., t. XLIX, p. 862.)

Etude sur une houille anglaise. (Bull. Soc. ind. de Mulh. t. LVIII, p. 313.) Avec M. Ch. Meunier-Dollfus.

1889   Notes sur l'industrie de la soude. (Bull. Soc. ch., 3me série, t. I, p. 404.)

Sur une brochure de M. Otto, concernant le chauffage des chaudières sous pression. (Bull. Soc. ind. de Mulh., t. LIX, p. 453.)

1890   Notice sur la décomposition de l'eau par un dynamo. (Bull. Soc. ind. de Mulh., t. LX, p. 278.)

1891   Etude sur l'huile pour rouge, 2 mémoires.(Comptes rendus Acad. des sc., t. CXII, p. 158 et 395.. - Bull. Soc. ind. de Mulh., t. LXI, pp. 52, 499 et 500. — Bull. Soc. ch., 3me série, t. VI, p. 251.)

Emploi de la bombe calorimétrique pour la détermination de la chaleur de combustion de la houille. (Comptes rendus Acad. des sc., t. CXII, p. 233. — Bull. Soc. ind. de Mulh., t. LXI, p. 577. — Bull. Soc. ch., 3me série, t. V, p. 941.)

Sur les acides polymères de l'acide ricinoléique.(Comptes rendus Acad. des sc., t. CXIII, p. 201.)

1892   Action du charbon sur le sulfate de sodium en présence de la silice. (Comptes rendus Acad. des sc., t. CXIV, p. 117.)

Décomposition de l'acide sulfureux par le carbone aux températures élevées. (Comptes rendus Acad. des sc., t. CXIV, p. 296. — Bull. Soc. ch., 3me série, t. VII, pp. 164 et 190.)

Nouvel appareil pour la concentration de l'acide sulfurique. (Bull. Soc. ind. de Mulh., t. LXII, p. 316. — Bull. Soc. ch., 3me série, t. VII, pp. 165 et 196.)

Le pouvoir calorifique de la houille et les formules à l'aide desquelles on cherche à le déterminer. (Comptes rendus Acad. des sc., t. CXIV, p. 1269. — Bull. Soc. ch., 3me série, t. VII, p. 475.)

1894   Recherches sur l'action chimique de l'abrastol (naphtylsulfate de calcium) sur le vin. (Comptes rendus Acad. des sc., t. CXVIII, p. 74. — Bull. Soc. ch., 3me série. t. XI, p. 76.)

    Observations à propos d'un travail de M. Lewes sur une cause de perte de chaleur dans les chaudières. (Bull. Soc. ch., 3me série, t. XI, p. 723.)

1895   Corrections à apporter aux lectures du thermomètre métastatique. (Comptes rendus Acad. des sc., t. CXXI, p. 553.)

1896   Sur la détermination de l'acidité des produits pyroligneux. (Comptes rendus Acad. des sc., t. CXXII, p. 619. — Bull. Soc. ch., 3me série, t. XV, pp. 530 et 548.)

    Sur la dissolution de la fonte dans les fours à sulfate. (Bull. Soc. ch., 3me série, t. XV, p. 549.)

    Attaque de la fonte et du fer par la soude caustique en fusion sous pression. (Bull. Soc. ch., 3me série, t. XV, p. 1250.)

    Remarques à propos d'une note relative à l'oxydation du sulfure de sodium par l'électrolyse. (Bull. Soc. ch., 3me série, t. XVII, p. 99.)

Rapports.

1860   Rapport sur un mémoire de M. Willm, sur l'aniline. (Bull. Soc. ind. de Mulh., t. XXX, p. 366.)

1861   Résumé des travaux faits sur le bleu d'outremer. (Répert. ch. appl., t. III, p. 426.) La suite en 1862.

    Résumé sur les couleurs de la naphtaline. (Répert. ch. appl., t. III, p. 262.)

1866   Rapport fait au nom du Comité de chimie sur un mémoire traitant de la fabrication industrielle de la baryte caustique. (Bull. Soc. ind. de Mulh., t. XXXVI, p. 448.)

1868   Rapport sur une note de M. Thomas concernant l'aréométrie. (Bull. Soc. ind. Mulh., t. XXXVIII, p. 889.)

1869   Rapport sur deux mémoires traitant de la préparation industrielle de la baryte caustique. (Bull. Soc. ind. de Mulh., XXXIX, p. 446.)

1870   Rapport sur un mémoire de M. Goppelsrœder traitant du dosage des nitrates dans les eaux potables. (Bull. Soc. ind. de Mulh., t. XL, p. 324.)

1871   Rapport sur un mémoire de M. Goppelsrœder traitant du dosage des nitrates dans les eaux potables et les eaux météoriques. (Bull. Soc. ind. de Mulh., t. XLI, p. 280.)

1890   Rapport sur une note concernant la préparation de l'acide sulfurique. (Bull. Soc. ind. de Mulh., t. LX, p. 276.)

1892   Rapport sur les recherches de M. Juillard sur les huiles pour rouge. (Bull. Soc. ind. de Mulh., t. LXII, p. 409.) Avec M. Binder.

1896   Notice biographique sur Aug. Scheurer-Rott. (Bull. Soc. ind. de Mulh., t. LXVI, p. 229.)

Publications diverses et conférences.

1874   La soude artificielle. (Feuilleton scientifique de la *République française*, 24 mars.)

1875   De l'acide sulfurique. (Feuilleton scientifique de la *République française*. 7 décembre.)

1876   Acide sulfurique (industrie). (Dictionnaire de chimie de Wurtz.)
Acide tartrique (industrie). (Dictionnaire de chimie de Wurtz.)
De l'acide sulfurique, 2me article. (Feuilleton scientifique de la *République française,* juin.)

1884   Gerhardt et Laurent. *(Revue alsacienne.)*

1885   Conférence sur Nicolas Le Blanc et la soude industrielle, faite à la Société d'encouragement. *(Revue scientifique.)*

1888   Conférence sur la combustion de la houille, faite le 29 février, à la Société chimique.

Ouvrages publiés.

Principes de la théorie chimique des types, 1 vol. Paris 1862. Mallet Bachelier.

Pouvoir calorifique des combustibles solides, liquides et gazeux, 1 vol. Paris 1896. G. Masson.